American Ju-Jutsu
Kubotan-Techniken

von

Diplom-Sozialökonom
Stefan Wahle
6. DAN Ju-Jutsu
Lehrer für Ju-Jutsu
lizenzierter Fitnesstrainer

akkreditiert bei: www.trainerregister.de

Mitglied

Impressum

©2015, 2017 copyright by Stefan Wahle, Hamburg

1. Auflage 2015
2. Auflage 2017

Autor: Stefan Wahle

E-Mail: info@sw-sportbuch.de

Internet: www.sw-sportbuch.de

Fan-Page von Stefan Wahle bei Facebook.com:
http://www.facebook.com/Stefan.Wahle.Autor

Verlag und Herstellung:
BoD - Books on Demand, Norderstedt

ISBN: 978-3-7347-4175-3

Offizielles Lehrbuch

des

American Ju-Jutsu Landesverband Hamburg von 1993

www.ju-jutsu-verband.de

www.facebook.com/American.Jujutsu

Inhaltsverzeichnis

1. Einführung

Der Kubotan ist ein hervorragendes Selbstverteidigungsmittel, insbesondere für Menschen, die körperlich unterlegen sind. Aufgrund der Größe kann er zum Beispiel auch in Form eines Schlüsselanhängers immer und überall hin mitgeführt werden.

Wer dies noch etwas subtiler gestalten möchte, kann sich einen handelsüblichen, möglichst stabilen Metallkugelschreiber besorgen, der den selben Zweck wie ein Kubotan erfüllt.

In Kapitel 7 dieses Buches werden verschiedene Ausführungen dieses Selbstverteidigungsmittels vorgestellt.

Da die Verwendung dieses Hilfsmittels für den Gegner nicht ganz ungefährlich ist, sind die in Kapitel 8 gemachten Ausführungen zur Notwehr und Nothilfe unbedingt zu beachten.

Wir beginnen das Buch mit der Vermittlung der notwendigen Grundlagen, wie Grundstellungen und Bewegungslehre und fahren dann mit den verschiedenen Kubotan-Haltungen und möglichen Angriffszielen fort.

In Kapitel 6 werden dann verbreitete Angriffe, Verteidigungsmöglichkeiten und Technikkombinationen vorgestellt.

Ich wünsche viel Spaß beim Üben!

2. Grundstellungen

2.1. Boxerstellung

1   2

In der Boxerstellung stehen die Füße diagonal versetzt, etwa schulterbreit und eine Schrittlänge auseinander. Die Zehen zeigen jeweils nach vorne. Der vordere Fuß wird mit der gesamten Fußsohle, der hintere nur mit dem Fußballen aufgesetzt. Dies ermöglicht einen schnellen Angriff nach vorne, indem man sich mit dem hinteren Fuß abstoßen kann. Die Knie sind leicht gebeugt. Das Körpergewicht verteilt sich gleichmäßig auf beide Beine.

Die Arme sind mit geballten Fäusten zur Deckung des Oberkörpers angehoben. Der Rücken ist leicht gekrümmt, die Schultern angehoben und der Kopf eingezogen, um dem Gegner eine möglichst kleine Angriffsfläche zu bieten.
Die Boxerstellung ist eine sehr bewegliche und geschmeidige Stellung.

2.2. <u>Aktionsstellung</u>

3   4

Bei der Aktionsstellung stehen die Füße einen großen Schritt diagonal auseinander, wobei die Zehen nach vorne gerichtet sind. Das vordere Bein ist im Knie 135° angewinkelt und trägt 60% des Körpergewichtes. Beide Fußsohlen liegen komplett auf.

Das hintere Bein ist gestreckt und trägt 40% des Gewichtes.
Der Oberkörper ist aufrecht und frontal zum Gegner gerichtet.

Diese Stellung ist auf der einen Seite sehr stabil und bietet eine optimale Kraftübertragung bei einigen Techniken, ist aber auf der anderen Seite auch sehr unbeweglich. Daher wird sie **in der Regel nur für kurze Zeit eingenommen**, um eine Abwehr oder einen Angriff vorzunehmen. Danach wird dann wieder in eine flexiblere Stellung gewechselt.

2.3. Verteidigungsstellung

5   6

Bei der Verteidigungsstellung wird der vordere Fuß eine Schrittlänge nach vorne gestellt. Die Zehen zeigen nach vorne. Der hintere Fuß wird in einem 90°-Winkel ausgerichtet, wobei die Zehen nach außen zeigen. Die Fersen stehen nahezu auf einer Linie. Beide Knie sind leicht gebeugt, das hintere dabei ein wenig mehr. Das hintere Bein wird mit 70% und das vordere Bein mit 30% des Körpergewichtes belastet. Der Oberkörper ist aufgerichtet. Die Hände werden leicht zur Deckung vor dem Körper angehoben und sind dabei zwanglos geöffnet.

Da das vordere Bein nur leicht belastet wird, kann es schnell angehoben und für einen Fußtritt vorwärts verwendet werden, um einen Angreifer zu stoppen. Ebenso kann es mit einem Schienbeinblock zur Abwehr eines Fußangriffs dienen.

2.4.   <u>Seitliche neutrale Kampfstellung</u>

7   8

Die Füße stehen parallel etwas mehr als schulterbreit auseinander. Die Zehen sind zur Seite gerichtet. Die Knie sind leicht gebeugt. Das Körpergewicht ist gleichmäßig auf beide Beine verteilt.

Die Schmalseite des Körpers zeigt zum Gegner nach vorne, der Oberkörper ist aufgerichtet.

Die Hände werden leicht zur Deckung vor dem Körper angehoben und sind dabei zwanglos geöffnet.

Diese Stellung ist besonders zur Ausführung seitlicher Techniken geeignet (z.B. Ellenbogenstoß seitwärts, Fußstoß seitwärts).

2.5. Reiterstellung

9   10

Bei der Reiterstellung stehen die Füße nahezu mit doppelter Schulterbreite auseinander und die Zehen zeigen nach vorne. Die Knie sind stark gebeugt. Das Körpergewicht ist gleichmäßig auf beide Beine verteilt. Der Körperschwerpunkt wird tief abgesenkt.

Der Rücken ist gerade, der Hals gestreckt und der Blick nach vorne gerichtet.

Achtung:
Hohe Eigengefährdung!
Wir stehen in dieser Stellung dem Gegner <u>niemals</u> frontal gegenüber!
Diese Stellung ist sehr unbeweglich. Sie wird zur Durchführung einiger weniger Techniken benötigt und nur für diese eingenommen **(z.B. für den Bauchstreckhebel)**.

3. __Bewegungslehre__
3.1. __Gleiten__

Wir stehen in der Verteidigungsstellung, linke Auslage. Beachten Sie die Bodenlinien auf den Fotos, um die Bewegung besser nachvollziehen zu können.

11

Der rechte, hintere Fuß gleitet auf dem Boden an den vorderen heran. Der Blick bleibt stets auf den Gegner nach vorne gerichtet. Die Hände sind zur Deckung angehoben. Die Kniebeugung ist beizubehalten.

12

Der vordere, linke Fuß wird einen Schritt nach vorne gesetzt. Nun befinden wir uns wieder in der ursprünglichen Verteidigungsstellung. Auch ein Gleiten rückwärts ist möglich, dann werden die Füße in umgekehrter Reihenfolge bewegt.

13

3.2. **Auslagewechsel**

14

15

16

17

Beim Auslagewechsel dient der vordere Fuß als Drehpunkt. Der hintere Fuß wird eng am Boden in einer Halbkreisbewegung nach vorne geschwungen, in der Endposition zeigen die Zehen nach vorne. Der Drehpunktfuß wird mit Zehen zur Seite eingedreht. Ist der Auslagewechsel vollzogen, ist der Oberkörper zur anderen Seite gewendet, die Hände haben ihre Position vertauscht. (Bilder 14-15 von vorne; 16-17 von der Seite)

3.3.   Übersetzen

Ausgangsposition ist die Verteidigungsstellung. Das Körpergewicht wird auf das vordere Bein verlagert und der hintere Fuß angehoben.

18

Ohne die Auslage zu verändern wird der hintere Fuß unter Beibehaltung der Zehenstellung vor den vorderen Fuß gesetzt. Dann wird das Körpergewicht auf den nach vorne gesetzten Fuß belastet.

19

Der linke, entlastete Fuß wird einen Schritt nach vorne gesetzt. Die Fortbewegung durch Übersetzen kann nach vorne und hinten durchgeführt werden.

20

3.4. <u>Körperabdrehen</u>

Körperabdrehen ist eine schnelle Ausweichbewegung des Oberkörpers bei einem frontalen Angriff. Die Fußstellung wird nur minimal verändert. Das macht eine schnellere Reaktion möglich und ist besonders geeignet bei Überraschungsangriffen.
21

Der Oberkörper wird aus der Angriffslinie gebracht, indem er nach hinten gelehnt und seitlich eingedreht wird. Der vordere Fuß wird leicht mitgedreht. Begleitet wird die Ausweichbewegung durch ein Handfegen mit der vorderen Hand.
22

Nicht ganz so effektiv, aber auch möglich, ist ein Körperabdrehen in die andere Richtung bei gleicher (Links-)Auslage.

23

3.5.   Schrittdrehung 90° nach innen und außen

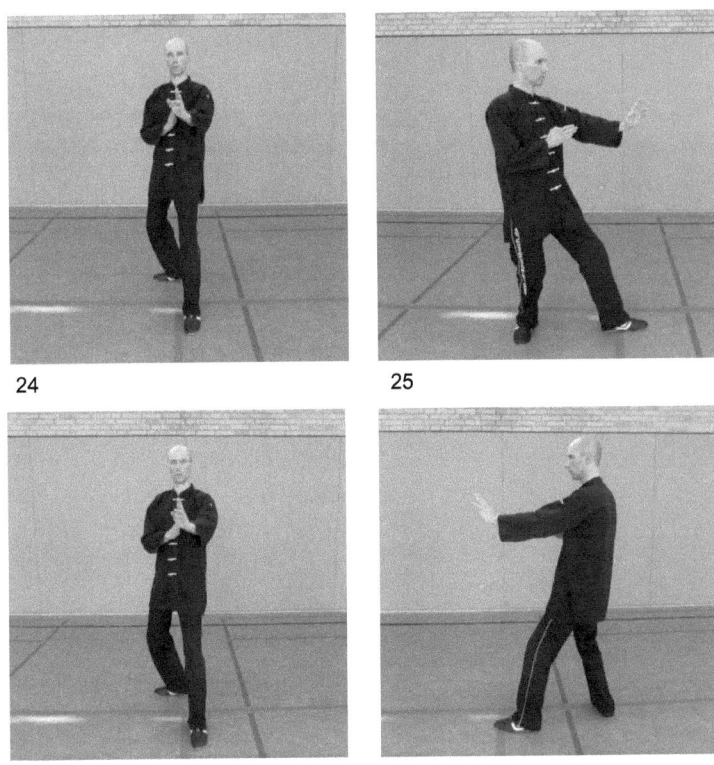

24   25

26   27

Drehpunkt für die Schrittdrehung 90° ist immer der vordere Fuß. Die Bilder 24 bis 25 zeigen die Schrittdrehung nach innen. Dabei wurde der hintere Fuß um 90° nach rechts-vorne versetzt.

Die Bilder 26 bis 27 zeigen die Schrittdrehung nach außen. Dabei wurde der hintere Fuß um 90° nach links-rückwärts versetzt.

Diese Schrittdrehung ermöglicht es dem Verteidiger, sich aus einem Angriff herauszudrehen.

3.6. <u>Doppelschrittdrehung 90° und 180°</u>

Wir beginnen mit der Doppelschrittdrehung 90° in der frontalen Darstellung.
Das Körpergewicht wird auf den vorderen, linken Fuß verlagert, um das hintere Bein vom Boden anheben zu können.

28

Der hintere Fuß wird dicht am Boden in einem Halbkreis nach vorne geschwungen und nahezu quer vor dem linken Fuß abgesetzt. Er dient nun als Drehpunkt und wird mit dem Körpergewicht belastet.

29

Nun wird der linke Fuß dicht am Boden in einem Viertelkreis nach rechts bewegt und abgesetzt.

30

Nun kommen wir zur Doppelschrittdrehung 180° in der seitlichen Darstellung.
Das Körpergewicht wird auf das vordere, linke Bein verlagert, um das hintere, rechte Bein anheben zu können.

31

Der rechte Fuß wird in einem Halbkreis dicht am Boden nach vorne vor den linken Fuß nahezu quer abgesetzt und dann mit dem Körpergewicht belastet und folgend als Drehpunkt verwendet.

32

Das linke Bein wird in einem Halbkreis 180° rückwärtig herumge-schwungen und in die Verteidigungsstellung ab-gesetzt. Diese Doppel-schrittdrehung wird ver-wendet, um die Angriffs-energie des Gegners auf-zunehmen und weiterzu-leiten.

33

19

3.7.   <u>Wenden nach allen Seiten</u>

Erfolgt der Angriff aus einer anderen Richtung als zunächst angenommen oder werden wir von mehreren Angreifern angegriffen, müssen wir uns eventuell in eine andere Richtung wenden. Ein „normales" Umdrehen würde zu lange dauern und könnte uns aus dem Gleichgewicht bringen

34

35

Auf den Bildern 34 bis 35 erfolgt eine Wendung nach rechts. Der linke, vordere Fuß verändert seine Stellung nicht und wird zunächst mit dem Körpergewicht belastet, um den rechten, hinteren Fuß in einem 90°-Winkel nach rechts abzusetzen. Dabei werden die Auslage und die Position der Hände gewechselt.

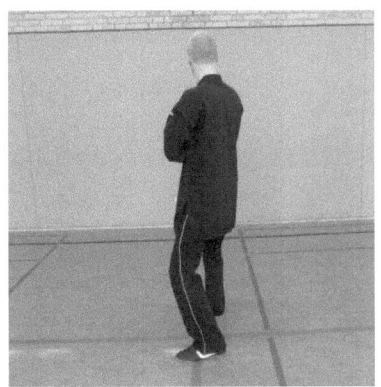

36

37

Müssen wir uns um 180° nach hinten wenden, werden beide Fersen als Drehpunkte verwendet und die Füße um 90° gedreht. Der Oberkörper dreht mit und die Auslage und Position der Hände werden gewechselt.

38

39

Bei der Wendung nach links wird der hintere, rechte Fuß als Drehpunkt verwendet und das linke, vordere Bein um 90° nach links versetzt. Der rechte Fuß dreht um 90° auf der Stelle mit. Die Auslage und Position der Hände werden hier beibehalten.

3.8. **Ausfallschritte**

Ausfallschritte dienen dem Ausweichen eines Angriffes.

40   41

Ausfallschritt nach vorne links: Abstoßen mit dem Fußballen des rechten, hinteren Fußes, linken Fuß nach vorne-links absetzen und den hinteren, rechten Fuß hinterherziehen. (Bilder 40 - 41)

42   43

Ausfallschritt nach hinten-rechts: Abstoßen mit dem linken Fuß, rechten Fuß nach hinten-rechts absetzen und den vorderen, linken Fuß hinterherziehen. (Bilder 42 - 43)

44 45

Ausfallschritt zur Seite rechts: Abstoßen mit dem rechten, hinteren Fuß, dann vorderen, linken Fuß belasten, abstoßen, das rechte, hintere Bein 90° nach rechts setzen, belasten und linken Fuß zur Seite nachziehen. (Bilder 44 - 45)

46 47

Ausfallschritt nach hinten-links mit Auslagewechsel: Mit linken Fuß abstoßen und diesen einen Schritt nach hinten-links absetzen. Den rechten Fuß nachziehen. (Bilder 46- 47)

4. Haltungen des Kubotan
4.1. Floretthaltung

48

Eine Möglichkeit, den Kubotan zu halten, ist die so genannte Floretthaltung. Dabei wird er so gehalten, dass die Spitze mit ca. einem Drittel bis hin zur Hälfte des Kubotans oben aus der geschlossenen Hand herausragt.

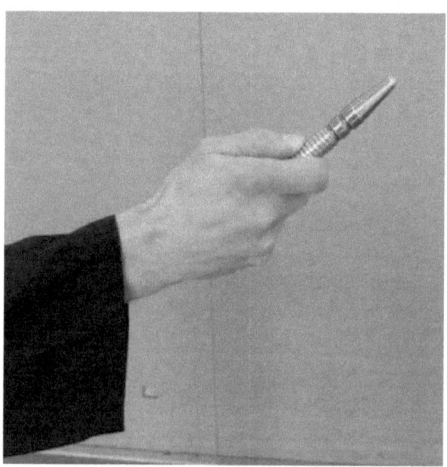

49

24

4.2. <u>Hammerfaust</u>

50

Bei der Hammerfaust ragt die Spitze mit einem Drittel des Kubotan unten aus der Faust heraus.

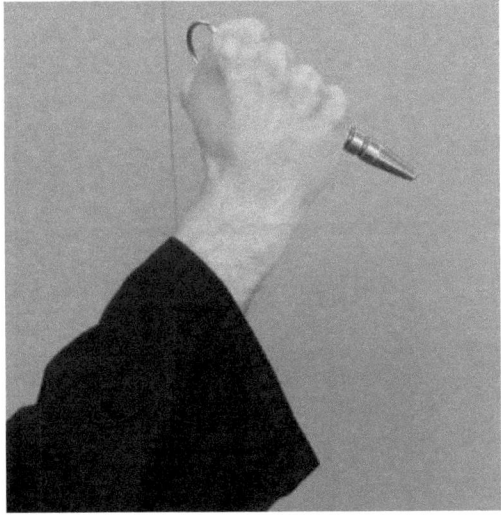

51

5.   <u>**Stich- und Druckbewegungen**</u>

Mit dem Kubotan können verschiedene Stich- und Druckbewegungen gegen verschiedenste Vitalpunkte des Körpers durchgeführt werden. Zur Veranschaulichung werden nachfolgend die wichtigsten Angriffspunkte dargestellt, die auch später bei der Vorstellung der Verteidigungskombinationen im 6. Kapitel dieses Buches zum Tragen kommen.

5.1. <u>Hals</u>

52

Mit der Floretthaltung können Stichbewegungen gegen die Außenseiten des Halses durchgeführt werden.

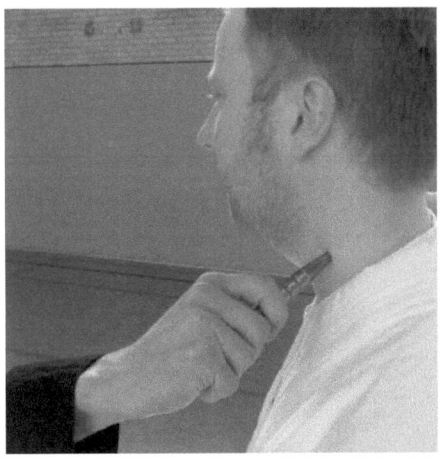

53

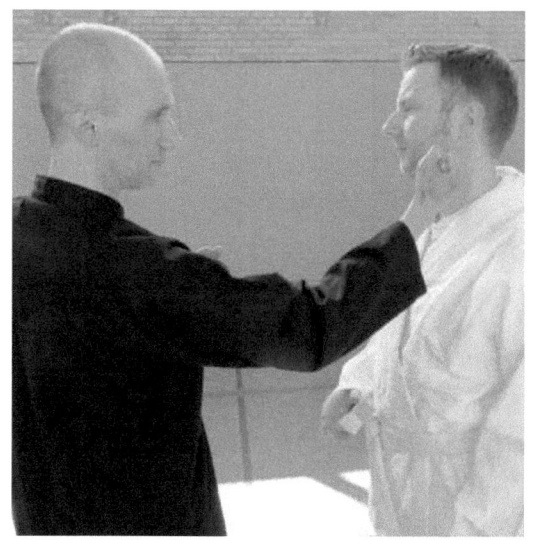

54

Die Außenseiten des Halses können ebenso mit der Kubotan-Hammerfaust bearbeitet werden. Je nach Angriff kann zur Wahrung der Verhältnismäßigkeit auch dosierter Druck auf die Halsschlagader ausgeführt werden.

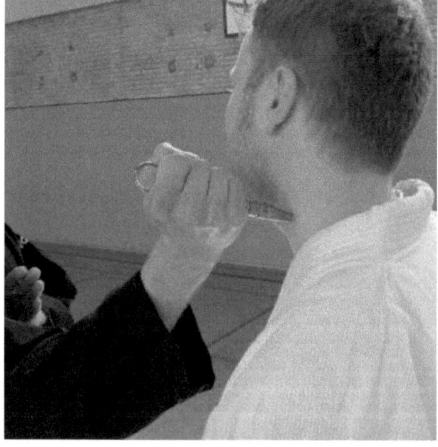

55

5.2. <u>Auge</u>

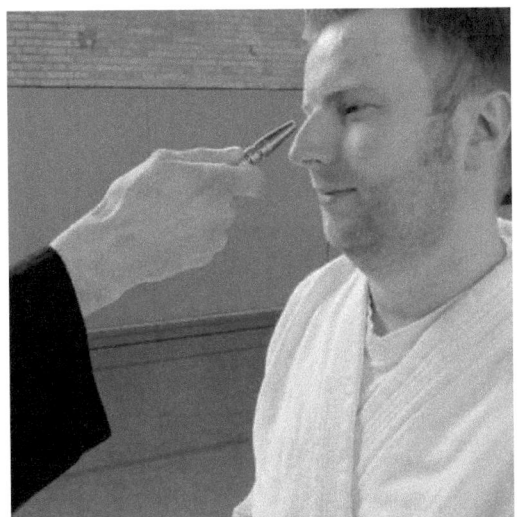

56

Das Auge ist ein sehr empfindliches Angriffsziel für Stichbewegungen mit der Floretthaltung oder der Hammerfaust.

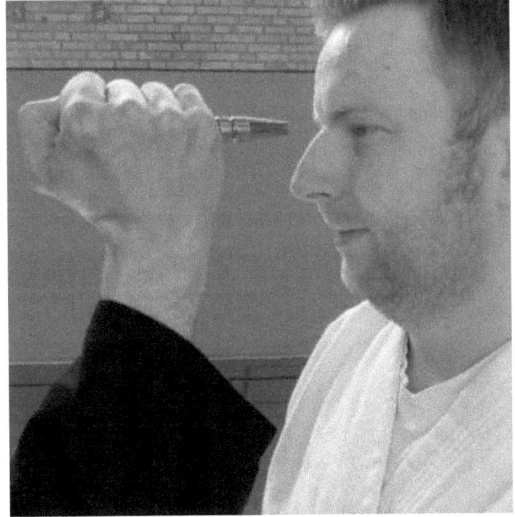

57

5.3. <u>Kehlkopfgrube</u>

58

Die Kehlkopfgrube ist eine Vertiefung unterhalb des Kehlkopfes am Halsansatz und relativ gut zu finden. Mit der Spitze des Kubotan kann dosierter Druck nach vorne unten auf den Angreifer zu ausgeübt werden.

5.4.   <u>Oberarm</u>

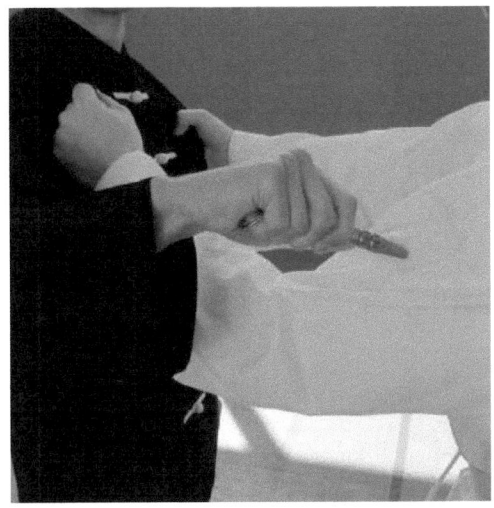

59

Der Oberarmbeugemuskel (Bizeps) kann mit der Floretthaltung oder der Hammerfaust angegriffen werden, um Kontaktangriffe zu lösen.

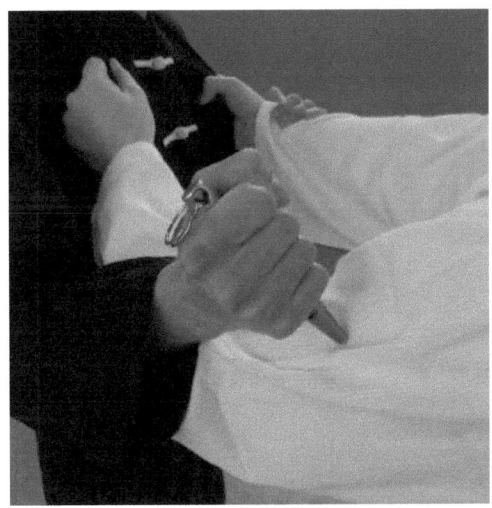

60

5.5.   <u>Rippen</u>

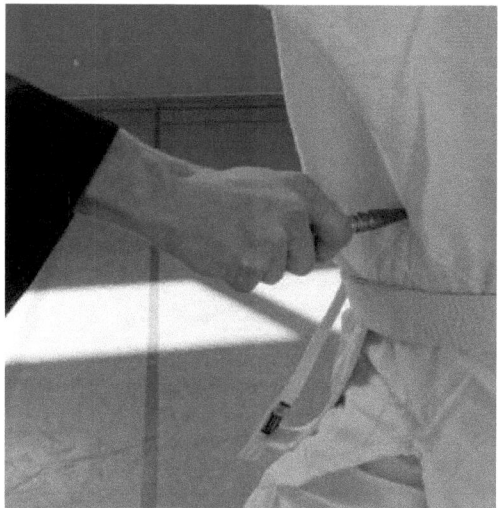

61

Bei vielen Angriffen sind die Rippen ungeschützt und bieten ein großes Angriffsziel für Floretthaltung oder Hammerfaust.

62

5.6. Handrücken

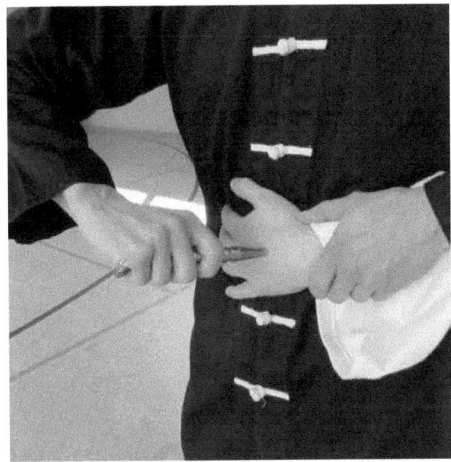

63

Der Handrücken, insbesondere wenn er angespannt ist, ist sehr empfänglich für den Druck mit der Spitze des Kubotans, der mit der Floretthaltung oder der Hammerfaust erfolgen kann. Ein Griff wird unter den Schmerzen gelöst, eine geschlossene Faust geöffnet. Dies dient der Vorbereitung von weiteren Folgetechniken.

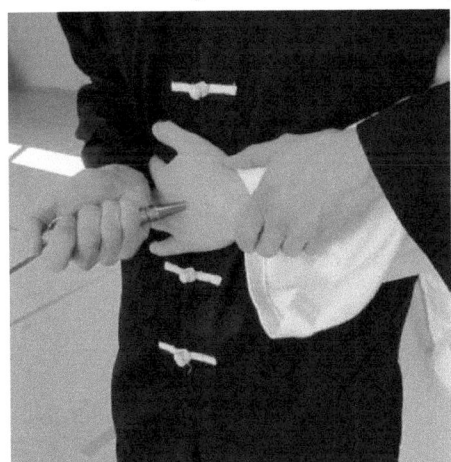

64

5.7.   <u>Daumen</u>

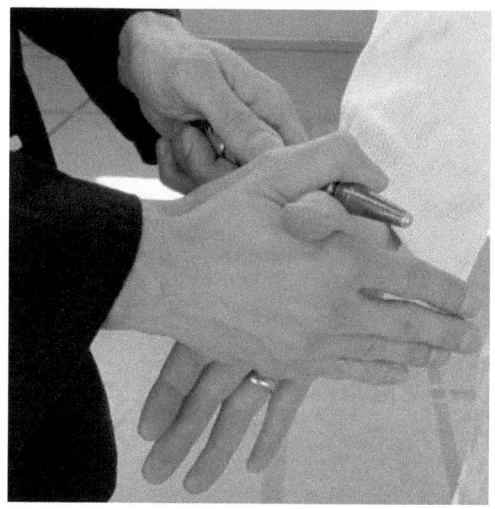

65

Der Kubotan kann unter Ausnutzung der Hebelwirkung auch als Verstärker für einen Hebel verwendet werden. Im Beispiel sehen wir, wie der Daumen mit einem Streckhebel unter Zuhilfenahme des Kubotans gehebelt wird.

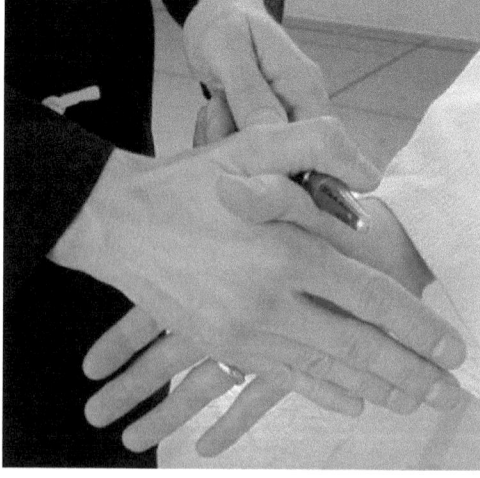

66

5.8. <u>Unterleib</u>

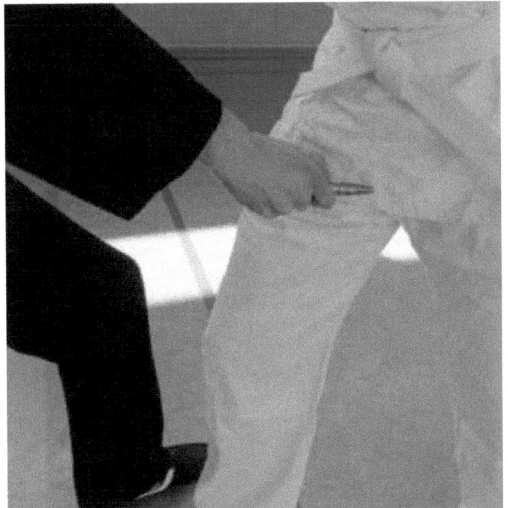

67

Der Unterleib kann ebenfalls durch einen Stich oder einen Hammerschlag mit dem Kubotan angegriffen werden.

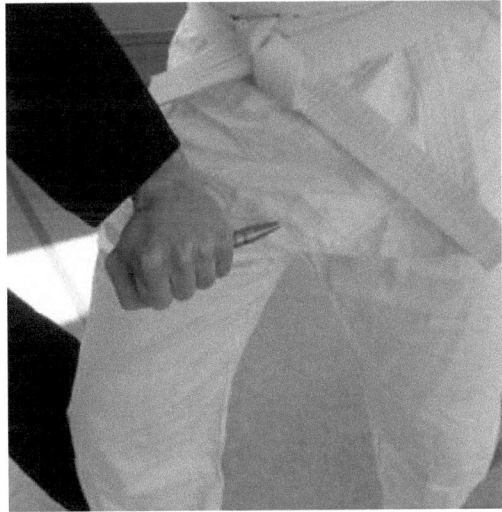

68

5.9. <u>Oberschenkel</u>

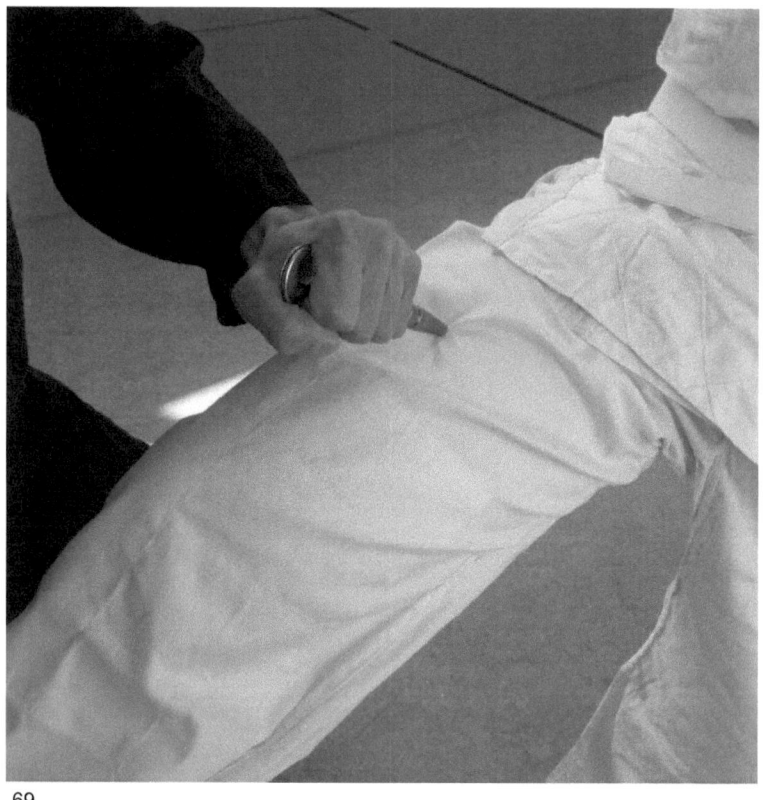

69

Wird man mit einer Fußtechnik angegriffen, so kann das agierende Bein mit dem Kubotan in der Hammerfaust auf den Oberschenkel geblockt werden. Das ist sehr schmerzhaft und behindert den Angreifer nachhaltig.

6. Angriffe und Abwehr

6.1. Faustangriff mit der Führhand; Block mit Spitze und Hacken ins Genick

70

Wir stehen in der rechten Auslage mit erhobener Deckung, dem Kubotan in der rechten Hammerfaust und rechnen mit einem baldigen Angriff.

71

Wir **blocken mit der Kubotan-Spitze** auf die Führhand des Aggressors, bereiten ihm so starke Schmerzen und machen die Hand damit unbrauchbar für weitere Aktionen. Auch ohne Angriff kann die Deckung des Gegners so bearbeitet werden. Dabei macht es nichts, wenn die erste Aktion nicht 100%ig trifft, da wir eine ganze Serie von Kubotan-Schlägen auf die Führhand abfeuern. Bild 72 zeigt die Nahaufnahme der Position des Bildes Nr. 71.

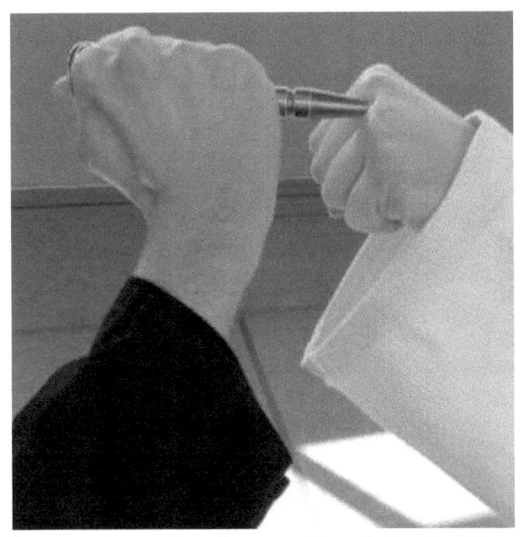

72 a.A. Bild 71

Dann gehen wir mit einem Ausfallschritt nach vorne-
rechts in seinen Rücken und fegen dabei den vorderen
Arm mit unserer linken, offenen Hand.

73

74

Mit der linken Hand sichern wir die linke Führhand des Angreifers und schlagen mit der Kubotan-Hammerfaust in den Nacken. (Bilder 74 - 75)

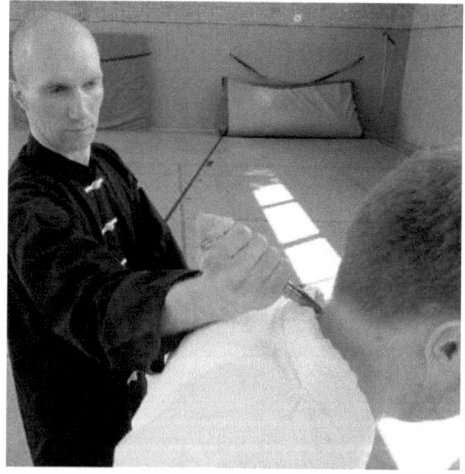

75

40

6.2. Schwinger; Block mit Spitze auf Oberarmmuskel und Hacken in Hals

76

Der Aggressor greift uns mit einem Schwinger an. Wir gehen mit einem Gleitschritt in den Angriff hinein, **blocken** mit einem linken Handkantenblock auf den Unterarm und **gleichzeitig mit der Kubotan-Spitze** auf den Oberarmmuskel. (Bilder 76 - 77)

77

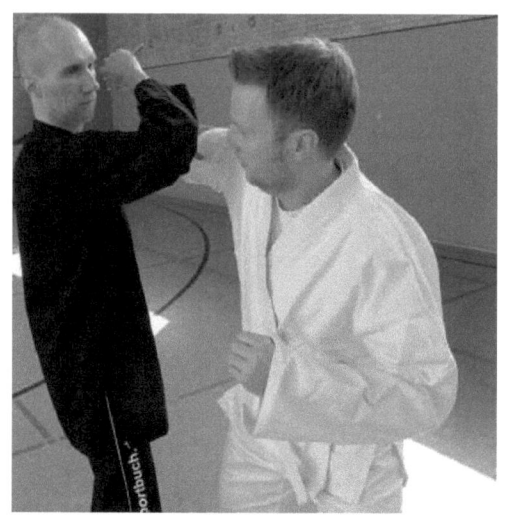

78

Mit der linken Hand sichern wir den angreifenden Arm und holen zum Hammerschlag aus (Bild 78).
Die Kubotan-Spitze trifft auf der Halsaußenseite auf. Bei Bedarf / Gegenwehr mehrmals wiederholen. (Bild 79)

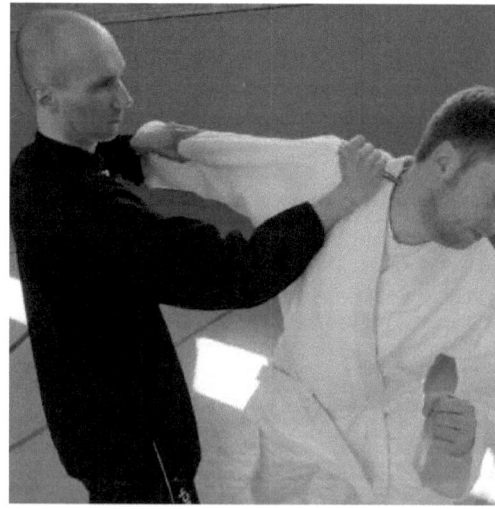

79

80

Zum Abschluss platzieren wir einen Fußtritt mit dem Fußballen gegen die Knieinnenseite auf den Innenminiskus.

6.3. Rückhandschlag; Block mit Spitze auf Unterarm und Hammerschlag auf Hals

81

Wir werden mit einem Rückhandschlag angegriffen. Wir weichen mit einem Ausfallschritt nach links-vorne in den Rücken des Angreifers aus. Die rechte Hand **blockt mit der Kubotan-Spitze auf den Unterarm**, die linke Hand fegt den Oberarm.

82

83

Die Hand fegt weiter bis zum Unterarm, sichert dann durch Festhalten und bringt den Arm aus dem Weg. Ist der Weg frei, kann ein Hammerschlag mit dem Kubotan auf den Hals erfolgen. (Bilder 83 - 84)

84

85

Wir fassen mit beiden Händen den Arm des Angreifers und treten mit einem linken Low-Kick in sein rechtes Bein. Dies kann mehrmals wiederholt werden, bis der Aggressor zu Boden geht. (Bilder 85 - 86)

86

6.4. Halbkreisfußtritt vorwärts; Hammerblock auf Oberschenkel, Hammerschlag auf Halsaußenseite

87   88

Wir werden mit einem Halbkreisfußtritt vorwärts angegriffen. Ausweichen mit Schrittdrehung 90° nach innen, mit der linken Hand blocken wir je nach Höhe des Angriffs mit einem Unterarmblock bzw. einem Tiefblock auf den Unterschenkel und **gleichzeitig mit der Kubotan-Spitze** in der rechten Hammerfaust auf den Oberschenkelmuskel des Angreifers. Das Bein wird so für weitere Angriffe unbrauchbar gemacht. (Bilder 87 - 88)

89

Auf Bild Nr. 89 sehen wir noch einmal in der Nahaufnahme, wie der Kubotan auf dem Oberschenkelmuskel auftrifft. Dies bereitet dem Angreifer starke Schmerzen.

90

Dann bewegen wir uns mit einem Gleitschritt auf den Angreifer zu und platzieren einen Hammerschlag gegen die Halsaußenseite. Bei Bedarf und fortgesetzter Gegenwehr kann eine ganze Serie von Hammerschlägen eingesetzt werden. **Dabei ist jedoch auf jeden Fall die Verhältnismäßigkeit zu wahren und die gesetzlichen Vorschriften sind einzuhalten.**

6.5.   Fußstoß vorwärts;
Nach außen gehen, Hammerschlag auf
Oberschenkel als Block, dann Schläfe

91

Wir werden mit einem Fußstoß vorwärts angegriffen. Wir bewegen uns mit einem Ausfallschritt nach vorne-links aus dem Angriff heraus und **blocken mit der Kubotan-Spitze** in der rechten Hammerfaust auf den Oberschenkel des Aggressors.

92

93

Wir machen einen Schritt mit dem rechten Fuß auf den Angreifer zu und lassen die Hammerfaust auf seine Schläfe einschlagen. (Bilder 93 - 94)

94

6.6. Körperumklammerung von hinten unter den Armen; Nervendruck auf Handrücken, Hebel

95

Wir werden von hinten unter den Armen umklammert. Dies ist ein vorbereitender Angriff, der schnelles Handeln erfordert. Der Gegner könnte sonst z.B. einen Wurf ansetzen oder uns für seine Komplizen in Position bringen.

96

Mit der linken Hand sichern wir den linken Arm des Angreifers durch Fassen des Handgelenkes und bohren mit der rechten Hand die Kubotan-Spitze in den Handrücken, um so den Umklammerungsgriff durch Schmerzbereitung zu lösen.

97

Unter Beibehaltung des schmerzhaften Drucks mit der Kubotan-Spitze auf den Handrücken entwinden wir uns dem Umklammerungsgriff mit einer Schrittdrehung 180°. Wir drehen den Arm des Angreifers weiter nach innen ein und vollführen einen Handrehbeugehebel.

98

Sein Ellenbogengelenk wird durch eine Zugbewegung gestreckt und wir befinden uns mit seinem Arm in einem 90°-Winkel zu seinem Körper. Seine Hand wird mit der Handinnenseite in Richtung Unterarm gebeugt. Seine Finger zeigen senkrecht zum Himmel.

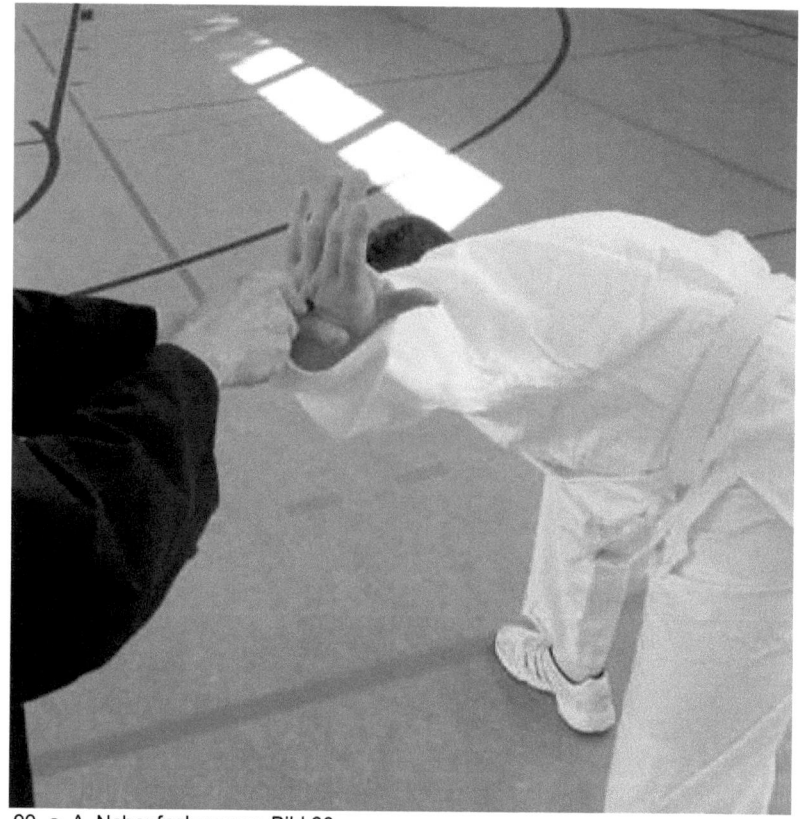

99 a. A. Nahaufnahme von Bild 98

Die Kubotan-Spitze drückt weiterhin schmerzhaft auf den Handrücken. Erfolgt weitere Gegenwehr, können wir einen oder mehrere Fußtritte gegen den vorgebeugten und ungeschützten Oberkörper platzieren.

6.7. Körperumklammerung von vorne über den Armen; Stich in den Unterleib, Hammerschlag

100

Wir werden mit einer Körperumklammerung von vorne über den Armen angegriffen. Wir machen mit dem rechten Fuß einen größeren Schritt rückwärts in die tiefe Aktionsstellung.

101

102

Dies schafft Platz für eine Folgetechnik und verringert deutlich das Risiko, „ausgehoben" zu werden. Die Körperumklammerung dient in der Regel als vorbereitende Technik für einen Wurf oder zumindest als Festhaltegriff, damit weitere Angreifer leichteres Spiel mit uns haben. Daher ist in jedem Fall die Einleitung schneller Gegenmaßnahmen erforderlich. Als Folgetechnik wenden wir einen Florettstich mit dem Kubotan in den Unterleib an.

103

Nach dem Florettstich wird der Griff deutlich gelöst und wir können uns aus der Umklammerung entwinden. Wir drücken den Angreifer, der vor Schmerzen zusammengesunken ist, weiter nach vorne-unten und sichern mit der linken Hand seinen rechten Arm. Mit der rechten Kubotanhand holen wir nach oben aus...

104

Dann platzieren wir einen Hammerschlag mit der Kubotan-Spitze auf den Rücken. Bei Bedarf können wir dann noch das rechte Bein hochziehen und unser Knie in das Gesicht des Angreifers schlagen, das sich in optimaler Position dafür befindet, wie man auf Bild Nr. 104 sehen kann.

6.8. Griff ins Revers beidhändig; Stich mit Kubotan in Kehlkopfgrube, Handbeugehebel, Finger einrollen

105

Der Aggressor packt uns beidhändig ins Revers.

Achtung: Es könnte ein Kopfschlag/-stoß geplant sein!

106

Mit der linken Hand sichern wir den rechten Arm des Angreifers, indem wir sein Handgelenk umfassen und festhalten. Dann stoßen wir mit einem Florettstich mit dem Kubotan nach vorne-unten in die Kehlkopfgrube. Die Arme des Gegners werden so langgemacht und gelöst. Die Kopfschlaggefahr wurde so gebannt.

107

Nach dem Lösen aus dem Revers kann die rechte Hand zu einem Handbeugehebel aufgerollt werden. Dabei wird die Hand nach außen gedreht bis die Handinnenfläche zum Unterarm und die Finger nach oben zum Himmel zeigen.

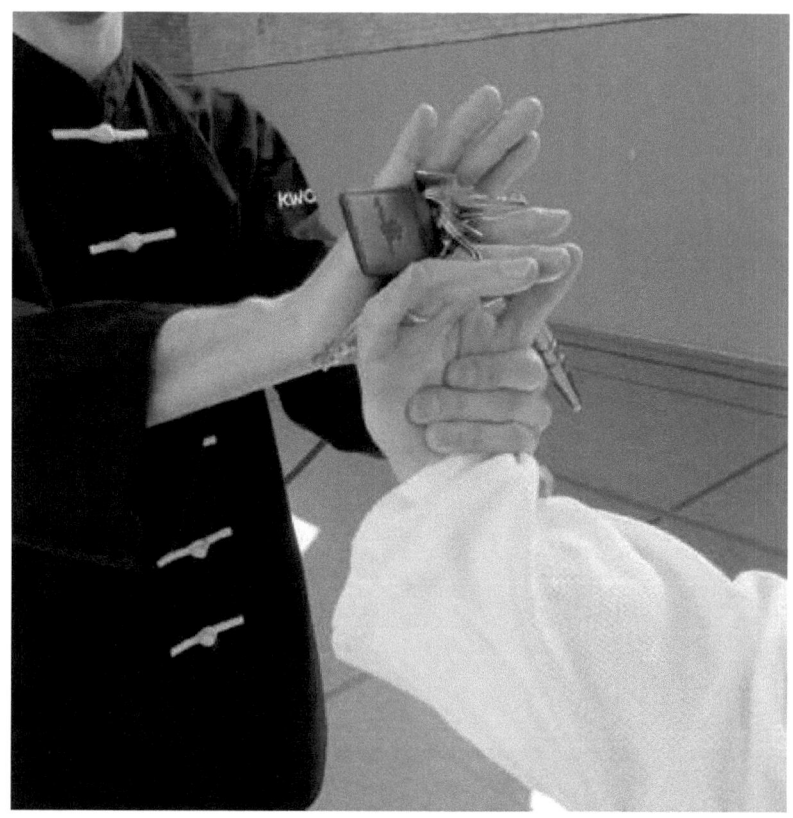

108

Mit dem linken Daumen drücken wir auf den Handrücken des Aggressors und beugen seine Hand weiter in Richtung seines Unterarms. Unsere anderen Finger umschließen seinen Daumenballen. Zusätzlich legen wir unseren am Kubotan befindlichen Schlüsselbund mit der rechten Hand auf seine Finger.

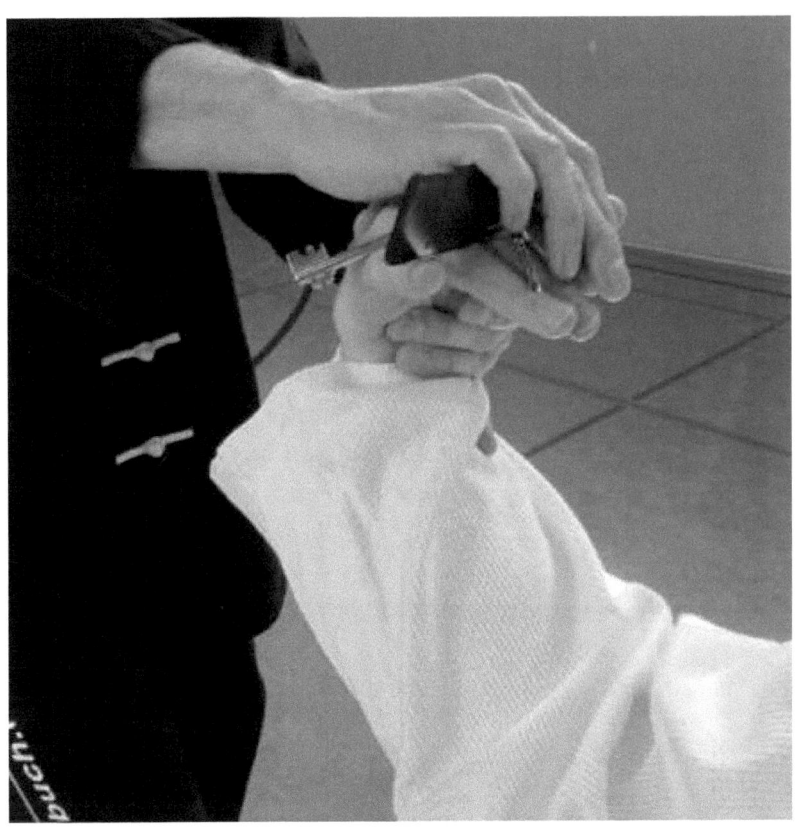

109

Mit den Schlüsseln auf den Fingern werden diese weiter unter Schmerzbereitung in Richtung des gegnerischen Unterarms aufgerollt.

110

Wir beugen das Handgelenk zum Unterarm durch Daumendruck und rollen gleichzeitig die Finger mit Schlüsseldruck ein. Zum Abschluss ziehen wir den Arm auf uns zu und nach unten, um den Angreifer so zu Boden zu bringen. Wie bei allen Hebeln gilt auch hier der Grundsatz: „Kontrolle durch Schmerz!"

6.9. <u>Griff in die Haare von hinten, eine Hand;</u>
<u>Stich in Handrücken und Oberarmmuskel</u>

111

Der Aggressor greift uns von hinten mit einer Hand in die Haare. Es ist schnelles Handeln erforderlich, da wir vermutlich nach hinten-unten gezogen werden sollen.

112

Mit der linken Hand sichern wir die greifende Hand und stechen gleichzeitig mit der Kubotan-Spitze auf den Handrücken, um dem Angreifer Schmerzen zu bereiten und den Griff zu lockern.

113

Gleichzeitig drehen wir uns blitzschnell nach innen ein, der Druck auf den Handrücken wird dabei beibehalten (Nervendruck). So entgehen wir dem drohenden Rückriß mit unseren Haaren.

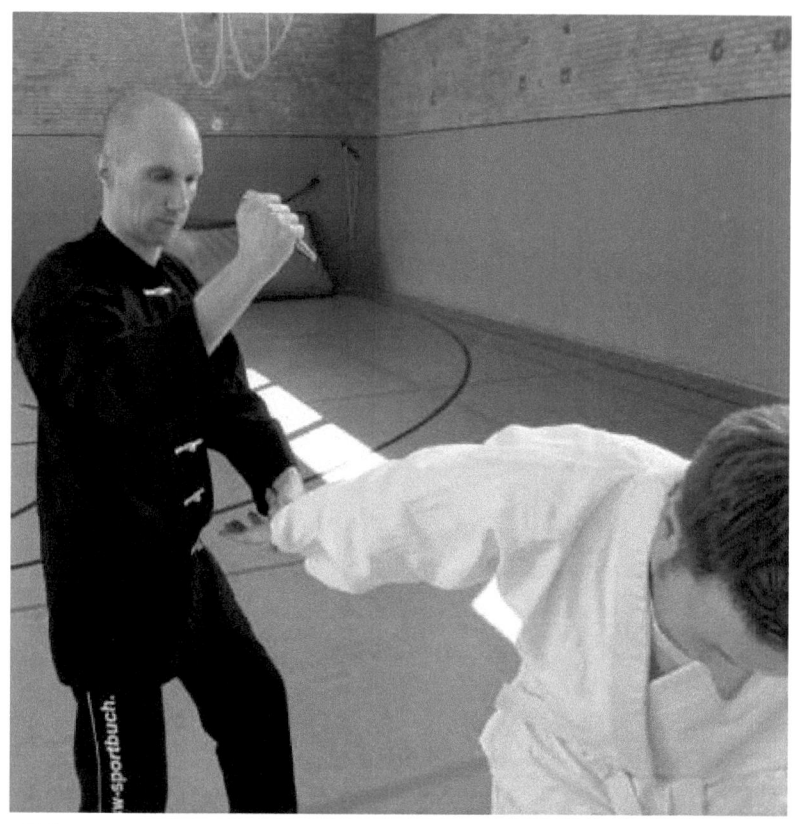

114

Wir lösen die Hand aus unseren Haaren aufgrund des Nervendrucks, ziehen den Arm lang, indem wir einen Schritt nach hinten gleiten und schlagen dann den Kubotan kurz oberhalb des Ellenbogengelenkes in den Oberarmmuskel. Dadurch wird das Gelenk durchgestreckt und gehebelt.

115

In der Endposition vollführen wir also einen Armstreckhebel und können bei Bedarf und weiterer Gegenwehr mit dem Fußspann in das Gesicht des Angreifers treten.

6.10. **Einhändiger Griff an die Schulter mit dem Versuch, Verteidiger umzudrehen; Stich in Kehlkopfgrube**

116

Der Aggressor kommt überraschend von hinten, packt uns mit einer Hand an der Schulter, um uns herumzureißen und weitere Angriffshandlungen vorzunehmen. Wir halten nicht gegen sondern nutzen die Energie des Angriffs und lassen uns umdrehen.

117

118

Wir beschleunigen sogar diese Bewegung. In der Umdrehbewegung reißen wir die rechte Hand mit dem Kubotan hoch und stoßen mit einem Florettstich in Richtung Hals des Angreifers. Als Nebeneffekt dient dieser Arm der Deckung.

119

120

Mit der linken Hand greifen und sichern wir den Arm des Angreifers, während wir mit der rechten Hand die Kubotan-Spitze in seine Kehlkopfgrube stoßen.

6.11. Handgelenkfassen diagonal eine Hand; Mit Kubotan auf Unterarm des Angreifers sprengen, Hammerschlag

121

Unser Handgelenk wird diagonal mit einer Hand erfasst. **Achtung**: Mit der anderen Hand könnte ein Schlagangriff erfolgen. Wir weichen mit einem Ausfallschritt nach vorne-links-außen aus.

122

123

Wir schlagen die linke Hammerfaust mit der Kubotan-Spitze auf den Unterarm des Angreifers. Gleichzeitig entwinden wir das gefasste Handgelenk über die Schwachstelle Daumen mit einer Drehbewegung nach außen-rechts.

124

Der Griff ist gelöst, wir gehen mit einem linken Schritt auf den Aggressor zu und holen zum Gegenschlag aus. Wir schlagen die Hammerfaust gegen die Schläfe. Bei Bedarf kann auch noch seitlich in das rechte Knie des Angreifers getreten werden.

125

6.12. Handfassen; Hebel auf Daumen

126

Der Angreifer fasst unsere Hand. Wir bewegen uns mit einer Schrittdrehung 90° an die Rückenseite des Gegners, drehen unsere gefasste Hand und setzen einen Daumenhebel mit Verstärkung durch den Kubotan an.

127

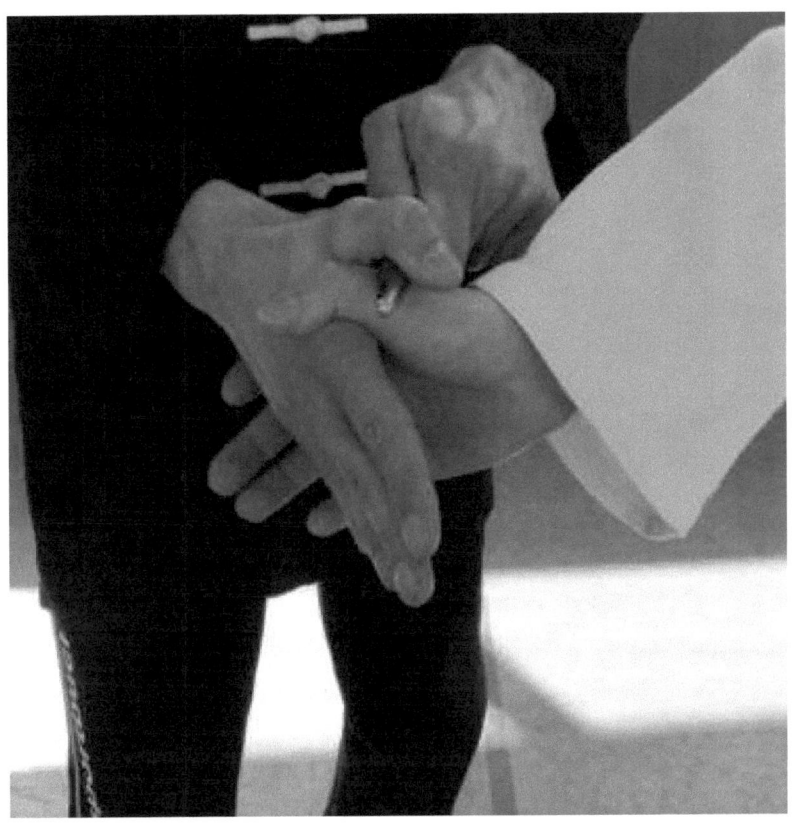

128

In der Nahaufnahme sieht man, dass wir unsere Hand so gedreht haben, dass die Finger schräg nach unten vor unseren Vorderfuß zeigen. Wir hebeln den Daumen zwischen unserem Daumen und unserer Handinnenkante. Schmerzhaft verstärkt wird das Ganze dadurch, dass zwischen unserem und dem Daumen des Gegners der Kubotan als Hebelverstärker gelegt wird.

129

Unter Beibehaltung des Daumenhebels ziehen wir den Gegner nach vorne-unten und zwingen ihn so zu Boden. Am besten legen wir ihn dann in Bauchlage fest. Dies können wir durch konstante Schmerzbereitung und klare Handlungsanweisungen erreichen.

6.13. Schwitzkasten von der Seite; Stich in Unterleib / Abbiegen, Stich ins Gesicht

130

Wir werden in den seitlichen Schwitzkasten genommen und müssen daraufhin schnell handeln, bevor „die Lichter ausgehen". Wir stechen mit einem Florettstich in den Unterleib des Angreifers, der Aufgrund der Schmerzen den Griff sofort löst.

131

132

Wir greifen mit unserer linken Hand über die Schulter in das Gesicht des Angreifers. Dabei werden der Daumen unter die Nase und die Hand auf die Augen gelegt. Hierdurch üben wir einen Nervendruck auf die Nasenscheidewand aus und behindern gleichzeitig die Sicht des Gegners. Wir biegen ihn nach hinten in die Hohlkreuzlage und richten uns auf (Technik: Körperabbiegen).

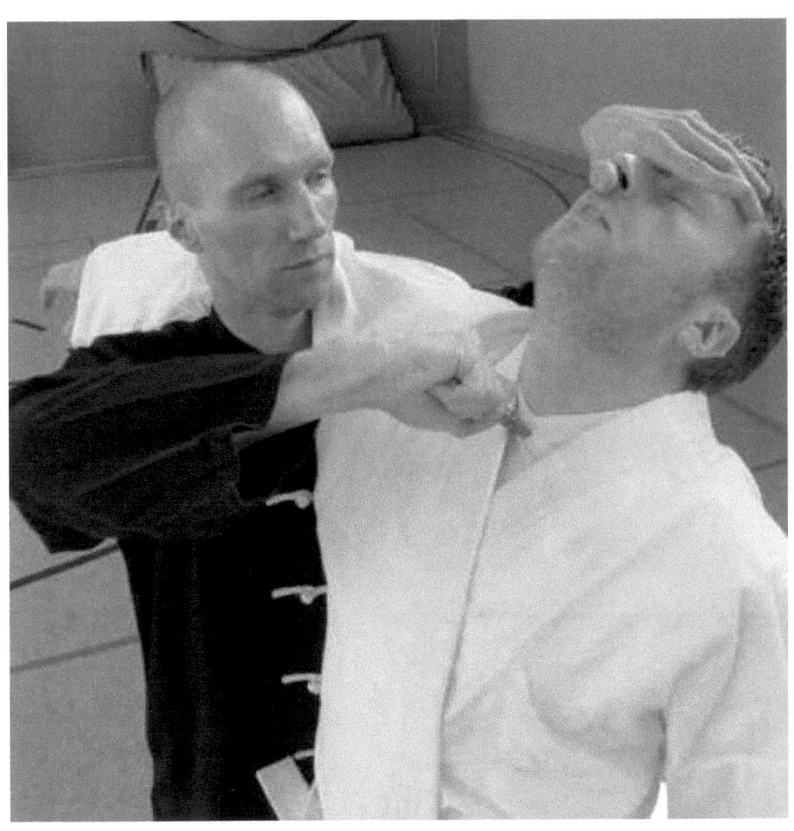

133

Zum Abschluss stoßen wir mit einem Florettstich in die Kehlkopfgrube. Der Aggressor kann abschließend nach hinten auf dem Boden „abgelegt" im Sinne von abgeworfen werden.

6.14. Würgen von vorne mit beiden Händen; Stich in Rippen, Handbeugehebel

Wir werden mit beiden Händen von vorne gewürgt.
Als erste Schutzreaktion können die Schultern hochgezogen und das Kinn in Richtung Brust gedrückt werden.

134

Mit unserer linken Hand sichern wir den rechten Arm des Angreifers und stoßen gleichzeitig einen Florettstich in die Rippengegend.

135

84

Nachdem der Würgegriff durch den Stich mit dem Kubotan gelöst wurde, gehen wir mit dem linken Fuß einen Schritt zurück und drehen die zuvor gesicherte, rechte Hand des Aggressors nach außen und beugen die Hand

in Richtung seines Unterarms. 136

Unterstützend pressen wir den Kubotan mit der Spitze auf den Handrücken und ziehen den Gegner nach vorne-unten unter weiterer Beugung des Handgelenkes. Technik: Handbeugehebel.

137

6.15. **Würgen von der Seite;**
Hammerschlag in Rippen,
Handbeugehebel mit Schlüssel einrollen

138

Wir werden mit beiden Händen von der Seite gewürgt. Um die Angriffsfläche zu verkleinern und das Würgen zu erschweren, ziehen wir die Schultern hoch und pressen das Kinn nach unten in Richtung Brust.

139

140

Mit unserer linken Hand sichern wir die vordere Hand des Angreifers, indem wir dessen Handgelenk umfassen und schlagen mit der rechten Hammerfaust den Kubotan mit der Spitze in seine Rippen. Dadurch kann der Würgegriff gelöst werden.

141

Wir wenden uns nach rechts zum Gegner, gleiten einen Schritt nach hinten, drehen die rechte Hand des Aggressors nach außen und beugen sein Handgelenk in Richtung seines Unterarmes (Technik: Handbeugehebel).

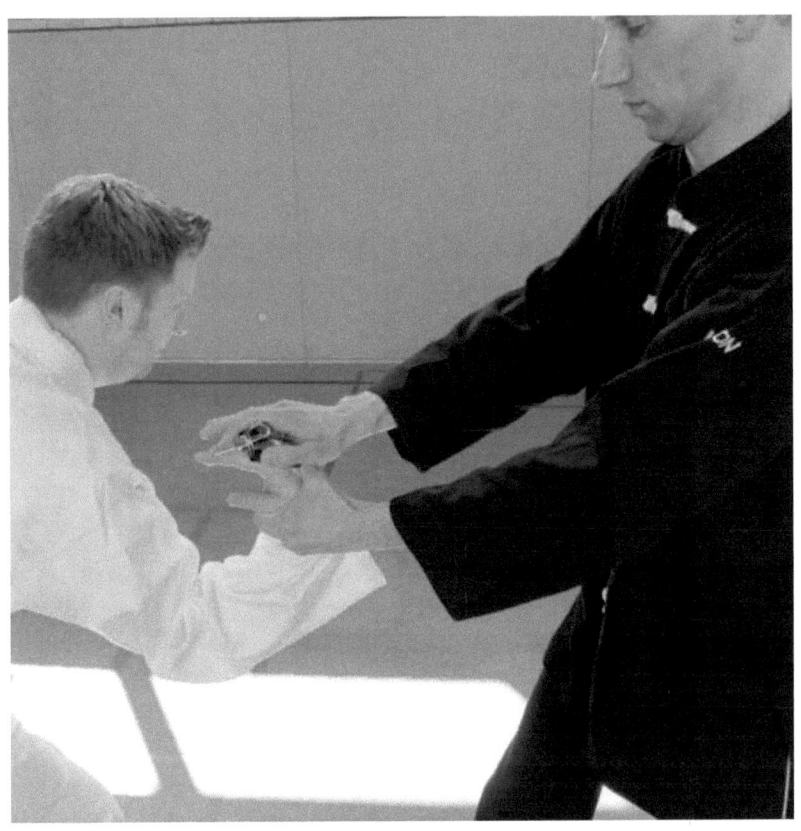

142

Wir legen das am Kubotan hängende Schlüsselbund auf die Finger des Angreifers, rollen diese unter Schmerzbereitung ein, beugen sein Handgelenk weiter in Richtung Unterarm und ziehen ihn nach vorne-unten aus dem Gleichgewicht. Auch ein Weiterführen bis in Bodenlage ist möglich.

6.16. **Würgen von hinten mit beiden Händen;**
Umdrehen, Hammerschlag auf kurze Rippe,
dann Kopf

143

Wir werden mit beiden Händen von hinten gewürgt. Um die Angriffsfläche zu verkleinern und das Würgen zu erschweren, ziehen wir die Schultern hoch und pressen das Kinn nach unten in Richtung Brust.

144

145

Wir machen uns klein, indem wir etwas in die Knie gehen und unseren Körperschwerpunkt absenken, gehen gleichzeitig mit dem rechten Fuß einen Schritt nach vorne und drehen uns seitlich zum Gegner ein. Die rechte Faust wird zur Deckung angehoben und wir bereiten mit der linken Hand eine Kontertechnik vor.

146

Wir platzieren die linke Hammerfaust mit der Kubotan-Spitze auf die Rippen oder in den Bauchbereich, wodurch der Würgegriff gelöst wird. Bei Bedarf kann diese Technik mehrfach wiederholt werden.

147

Wir setzen unseren linken Fuß einen Schritt nach links außen und begeben uns in die Aktionsstellung. Gleichzeitig geht unsere linke Hand unten/außen über den rechten Arm des Angreifers und ruht dort über dem Ellenbogengelenk. Mit unserer rechten Hand packen wir ihn am Nacken.

148

Wir ziehen den Gegner mit unserem Griff am Arm und Nacken herunter und reißen gleichzeitig unser rechtes Bein mit angewinkeltem Knie hoch, um einen Knieschlag gegen den Oberkörper oder in das Gesicht zu platzieren.

7. Vorstellung des Kubotan

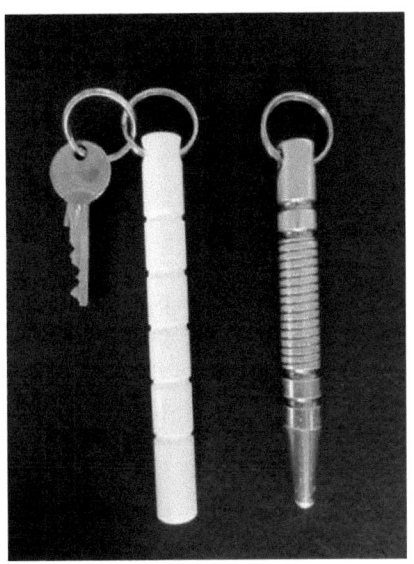

Hier sehen Sie handelsübliche Kubotane als Schlüsselanhänger. Der Linke ist aus Kunststoff ohne Spitze und der Rechte ist aus Aluminium mit Rillengriff und leicht abgerundeter Spitze. Diese Produkte sind bei www.amazon.de für unter 10 EUR erhältlich.

149

150

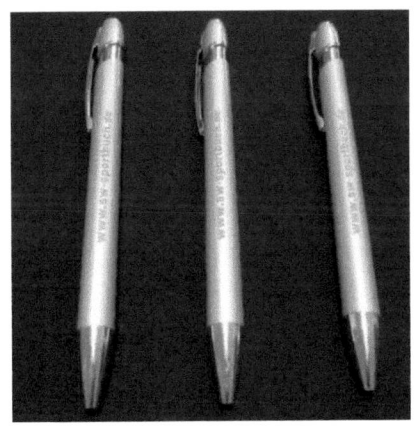

Hier sehen Sie stabile Metallkugelschreiber aus dem Schreibwaren-handel, die den gleichen Zweck wie ein Kubotan erfüllen, aber nicht auf den ersten Blick als Waffe erkennbar sind. Für die Hammerfaust ist auch die Verwendung eines Metallfeuerzeuges denkbar.

8. **Ausführungen zur Notwehr und Nothilfe**

In gebotener Kürze und ohne rechtswissenschaftlichen Anspruch soll hier auf die rechtliche Grundlage jeder Selbstverteidigungshandlung mit Hilfe der in diesem Buch gezeigten Techniken eingegangen werden.

Jeder Mensch hat ein durch die Verfassung garantiertes Recht auf körperliche Unversehrtheit. Daraus folgt wiederum, dass jedermann sich (= Notwehr) oder einen anderen (= Nothilfe) gegen einen rechtswidrigen Angriff verteidigen darf. Diese Rechte sind in den Paragraphen 32 Strafgesetzbuch (StGB), 227 Bürgerliches Gesetzbuch (BGB) und 15 Ordnungswidrigkeitengesetz (OWiG) niedergelegt.

Die grundsätzliche Aussage in allen diesen Paragraphen ist, dass eine durch Notwehr gebotene Handlung nicht rechtswidrig ist. Wer sich verteidigt, macht sich also nicht strafbar.
Notwehr ist dabei diejenige Verteidigungshandlung, welche erforderlich ist, um einen gegenwärtigen, rechtswidrigen Angriff von sich oder einem anderen abzuwehren.

Es muss ein Angriff in Form eines menschlichen Verhaltens vorliegen, durch das eine Verletzung rechtlich geschützter Güter oder Interessen droht. Der Angriff muss gegenwärtig sein, das bedeutet, er muss unmittelbar bevorstehen, begonnen haben oder noch andauern. Rechtswidrigkeit ist gegeben, wenn der Angriff gegen gesetzliche Vorschriften verstößt und für den

Angreifer keine Rechtfertigungsgründe (z.B. seinerseits Notwehr = Rechtfertigungsgrund) vorliegen.

Die Verteidigungshandlung, also die Abwehr des Angriffs, muss erforderlich sein. Sie ist erforderlich, wenn sie geeignet ist, den Angriff sofort und nachhaltig unter Anwendung des relativ mildesten verfügbaren Gegenmittels abzuwehren. Dabei gibt es keine Güterabwägung zwischen dem angegriffenen und dem durch die Verteidigungshandlung beeinträchtigten Rechtsgut. Es besteht für den Verteidiger keine Pflicht zum Ausweichen, denn das Recht braucht dem Unrecht nicht zu weichen.

Als vertiefende Literatur zu diesem komplexen Thema kann ich folgende Empfehlungen geben:

- Rolf Schmidt: Strafrecht Allgemeiner Teil, Verlag Dr. Rolf Schmidt GmbH, Grasberg bei Bremen, 8. Auflage 2009, Seite 119 ff. ;
- Urs Kindhäuser: Nomos Kommentar Strafgesetzbuch, Nomos Verlagsgesellschaft, Baden-Baden, 4. Auflage 2010, Seite 283 ff.;
- Hans Brox, Wolf-Dietrich Walker: Allgemeiner Teil des BGB, Carl Heymanns Verlag, Köln, 33. Auflage 2009, Seite 291 ff.;
- Reiner Schulze u.a.: Nomos Kommentar Bürgerliches Gesetzbuch, Nomos Verlagsgesellschaft, Baden-Baden, 6. Auflage 2009, Seite 204 ff..

9. Über den Autor

Trainerqualifikationen und Graduierungen
- Entspannungstrainer, Note 1
- Trainer für Sportrehabilitation, Note 1
- Fitnesstrainer B-Lizenz, Note 1
- Lehrer für Qigong (TQN, DDQT + div. gesetzliche KK)
- Lehrbefähigungsnachweis Ju-Jutsu, 1990
- Prüferlizenz Ju-Jutsu von verschiedenen Verbänden, erstmals 1992
- 6. Dan Ju-Jutsu
- Lehrer für Ju-Jutsu, Lizenz verschiedener Verbände

Wettkampferfolge
- 1. Platz Hamburger Meisterschaft Ju-Jutsu-Formenwettkampf 1992
- 3. Platz Hamburger Meisterschaft Ju-Jutsu Kampf 1995
- 3. Platz Hamburger Meisterschaft Ju-Jutsu Kampf 1994
- 4. Platz Internationale Deutsche Meisterschaften moderne Kata 1997 in Lauenburg
- 4. Platz Deutsche Meisterschaft Ju-Jutsu-Formenwettkampf 1992
- 5. Platz Hamburger Meisterschaft Ju-Jutsu Kampf 1996
- 1. Platz "zweiter happy run" 5 Km Nordic-Walking in Wahlstedt 2010
- 3. Platz German Taijiquan Open 2012 in Hannover
- 4. Platz Wu Wei Cup 2012 in Hamburg
- 1. Platz Sparkassen-Ostseelauf Timmendorfer Strand Nordic-Walking 5 Km 2013
- 1. Platz Stadtwerkelauf Tornesch 5 Km NW 2013-2016
- 1. Platz Möllner City-Lauf 9,4 Km NW 2014, 2015, 2016
- 1. Platz Jesteb. Volkslauf 10,5 Km Walking 2014, 2015

Veröffentlichungen
- diverse Sammelbände 2014
- Buch Kurskonzept Frauenselbstverteidigung 2014
- Buch Rückenqigong 2014
- Der fliegende Kranich - Qigong in 5 Bänden 2013
- Buch „Die 6 heilenden Laute" 2013
- Buch „Das muskel- und sehnenstärkende Qigong" 2012
- Buch „Sawah Kung Fu Grundtechniken" 2012
- Buch „Shaolin Qin Na Sawah Kuen" 2012
- Buch „Taijiquan für Einsteiger..." 2012
- Buch „Krav Maga - Grundtechniken..." 2012
- Buch „Das Spiel der 5 Tiere" 2011
- Buch „Konzept zur Durchführung eines
  Entspannungskurses..." 2011
- Buch „Die 24er Pekingform Taijiquan" 2011
- Buch „Die 8 Brokate by Stefan Wahle" 2010
- Buch „Ju-Jutsu Frauenselbstverteidigung" 2010
- Buch „Optimiertes Krafttraining mit der ILB-Methode"
  2009
- Artikel „Optimiertes Krafttraining mit der ILB-Methode" in
  der Zeitschrift „shape up Trainer´s only", Heft Nr. 5
  2009
- Buch „Realistische Frauenselbstverteidigung" 1994/95
- Buch „Ju-Jutsu Straßenkampftechniken" 1993

Auszeichnungen
- Budoka Award der Martial Arts Association 2013
- Ehrenkreuz der Martial Arts Association (MAA) 2012
- Hall of Fame + Dragon Medal der MAA 2011
- Verleihung der Ehrenmedaille durch den American
  Ju-Jutsu Landesverband Hamburg e.V. für den Aufbau
  der Akademie für Frauenselbstverteidigung 1997

<u>Besondere Lehrgänge</u>
- Lehrgang bei Dan Inosanto in Speyer 1996

<u>Tätigkeiten</u>
seit 2008   Fernstudium Fitness
                                   an der BSA Akademie
                                   anerkannt durch den DSSV
                                   e.V.

seit 2001   freiberuflicher Trainer

1993 bis 2001   Landestrainer beim American
                                   Ju-Jutsu Landesverband
                                   Hamburg e.V.

<u>Mitglied in den Verbänden (Stand 12-2016)</u>
- Taijiquan & Qigong Netzwerk Deutschland e.V.
- Chinesisch-Deutscher Kampfkunstverein e.V.
- Martial Arts Association - International
- Deutsche Budo Organisation e.V.
- Zertifizierung durch das Deutsche Trainerregister des
  DSSV e.V.
- Deutsche Kampfkunst Föderation e.V.
- Sawah® Qigong und Taijiquan Gesellschaft
- American Ju-Jutsu Landesverband Hamburg von 1993
- World Krav Maga Association
- Krav Maga Sawah Organisation Deutschland
- Deutsches Dan-Kollegium e.V. - DDK
- F.T.U. Freie Taekwondo Union

Wochenblatt Barmbek

Startseite | Beitrag erstellen | Meine Seite | Verlag/Anzeigen | Online-Ausgaben

Aktuelles Lokales Polizei Kultur Sport Veranstaltungen Menschen Handel und Wirtsch

Region ▸ Barmbek ▸ Sport ▸ 6. Dan Ju-Jutsu für Stefan Wahle aus Barmbek zum 30-jährigen Mattenjubiläum

6. Dan Ju-Jutsu für Stefan Wahle aus Barmbek zum 30-jährigen Mattenjubiläum

Der Barmbeker Sportbuchautor **Stefan Wahle** betreibt seit 1985 die Kampfkunst Ju-Jutsu. Im Rahmen seines 30-jährigen "Mattenjubiläums" wurden ihm von diversen Sportverbänden Ehrungen zuteil. Unter anderem wurde ihm für seine sportlichen Verdienste und sein ehrenamtliches Engagement der **6. Dan Ju-Jutsu** verliehen.

Weitere Infos auf der Fan-Seite von Stefan Wahle bei Facebook:
http://www.facebook.com/Stefan.Wahle.Autor

4 Bilder ▶

6. Dan Ju-Jutsu für Stefan Wahle zum 30-jährigen Mattenjubiläum

Veröffentlichung mit freundlicher Genehmigung des Autors und Fotografen Otto Meier

Fan-Page von Stefan Wahle bei Facebook.com:
http://www.facebook.com/Stefan.Wahle.Autor

Ehrenkreuz der Martial Arts Association Int. 2012

www.sw-sportbuch.de

Sport Awards der Martial Arts Association 2011

Aufnahme in die Hall of Fame und
Verleihung der Dragon Medal

Stefan Wahle, 6. Dan Ju-Jutsu

www.sw-sportbuch.de